Poezja Katarzyny

JESTEM

Katarzyna
Nowocin-Kowalczyk

JESTEM

poezja

Numer ISBN: 979-8-9901690-8-1

Tytuł oryginalny: JESTEM
Autor: Katarzyna Nowocin-Kowalczyk

Projekt okładki: Alishba Shah
Zdjęcia w książce i na okładce: Katarzyna Nowocin-Kowalczyk

Pierwszy druk 2024

Wydawca: Katarzyna Nowocin-Kowalczyk
https://www.katarzynank.com/

Anusi

Recenzja

"Każdy wiersz, musi się rodzić w sercu", napisał ponad sto lat temu poeta góral, mój dziadek Jerzy Probosz (1901-1942)

Katarzyna Nowocin - Kowalczyk nowym tomikiem poezji - "JESTEM", rozerwała sercem prozę życia XXI wieku i z odłamków kamieni odrzuconych zbudowała piramidę uczuć i barw, z rozsypanych myśli ułożyła mozaikę tajemniczych wzruszeń.

To osiągnięcie nie lada, bo Kasi udało się na strunach serca odegrać przejmujące dźwięki. W odosobnieniu, w ciszy, poszerzyła świat widzialny o niewidzialny i odkryła w niepozornym życiu na ziemi, swoje - JESTEM!

Autorka jakiś czas temu zwróciła się do mnie z prośbą o przeczytanie wierszy, które do niej "przychodzą". Dotrzymałem obietnicy. Zasiadłem na balkonie z widokiem na las. Odczytywane w skupieniu słowa szumiały po gałęziach drzew. Wtedy nagle przyleciał do mnie szary ptak - Kopciuszek, usiadł na poręczy balkonu i spojrzał mi w oczy, jakby zachęcał, abym nie przerywał. Trzepotał skrzydłami i słuchał aż skończyłem ostatni wiersz.

Potem odleciał do Włoch, Hiszpanii, Afryki lub Indii...? Ptak wolności? Ziemski Anioł? Pozostawił mi jedno ze swoich piór, znak poety, wsadziłem je między strony tomiku Kasi, jak wiatr, którego nie można uchwycić.

Marek Probosz

aktor, reżyser, autor, scenarzysta, dramaturg, producent, Adiunkt Profesor Uniwersytetu Kalifornii - UCLA

Santa Monica, Ca, 18 lipca 2024

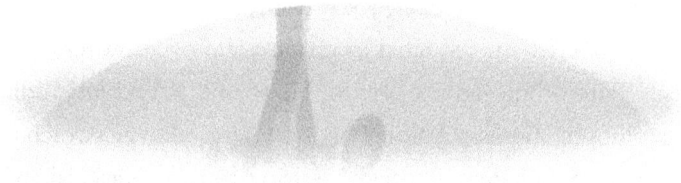

Od Autora

Wiersze przychodzą każdego dnia i każdej nocy. Przychodzą, kiedy chcą. Czasem jakaś historia schodzi kilka dni, a czasem pojawia się w jednej sekundzie. Często mnie zaskakują sposobem przekazu i tematyką. Często nie mam pojęcia o czym i w jaki sposób wiersz opowie jakąś historię. Bo te wiersze nie idą z głowy, tylko jakby z innego wymiaru tzw. rzeczywistości, z innego świata. Wychodzą ze mnie, ale jakby schodziły z góry. Od mojego wyższego JA. To tak, jakby Wszechświat wierszami dawał odpowiedzi dla tego świata. Wiadomość? Przesłanie? Proroctwo? A może wszystko. A może nic. ...

Wiersze są dla wszystkich. Ale zrozumie je tylko ten, kto potrafi patrzeć sercem. Bo serce zawsze widzi więcej. Głowa to tylko komputer z wgranymi programami i danymi. Serce otwiera drzwi do wieloświatów. Serce sprawia, że wszystko staje się możliwe. Bo serce to umysł Stwórcy tego wszystkiego, co nazywamy życiem. Serce to sztuka, fizyka, matematyka i wszystko w jednym. Bez serca nie ma nas, ludzi. Nie warto przedkładać jakiejkolwiek ideologii, polityki tudzież materii nad człowieka. Warto BYĆ. Warto zadać sobie pytanie: - Jestem? - I warto odbyć podróż w głąb siebie, aby znaleźć odpowiedź, spojrzeć na ocean energii Wszechświata i powiedzieć: – JESTEM.

Katarzyna

Katarzyna Nowocin-Kowalczyk

Istotą Miłości jest Miłość

Początek

Anusi

Długo na Ciebie czekałam
Odkładałam Twoje przyjście
W iluzji Matrixa trwałam
To zejście było jak wzejście

Kochałam Cię zanim przyszłaś
Twarzyczkę Twoją widziałam
Uśmiechałaś się i śmiałaś
Kochałam, zanim poznałam

Przyszłaś nagle, czas wybrałaś
Suknię wiosny założyłaś
Niemoc w moc transformowałaś
Królową życia się stałaś

18 lipca 2024

To Ty tworzysz swoje chwile

Ogień...

Ogień...
Najpotężniejszy z żywiołów...
Łączy ciepłem,
ale też spala...
Zmienia stan materii...
Niszczy to, co było
i odkrywa przestrzeń na nowe...
A nowe powstaje z popiołów...

6 maja 2019

Katarzyna Nowocin-Kowalczyk

Cisza

Nic...
Nie musisz mówić nic
Odpocznij we mnie
Czuj się bezpiecznie
-Dusza

20 października 2019

Katarzyna Nowocin-Kowalczyk

Ech, Życie

Ech, życie
Czymże jesteś
Iluzją, grą, zabawą
Parę minut na scenie
Więc baw się, raduj
W tył nie patrz
Łez nie roń
W klatce nie zamykaj
Swą Prawdę głoś
Łap swoje chwile
Szczęśliwy bądź

1 listopada 2019

Katarzyna Nowocin-Kowalczyk

Oddech

Oddychaj mądrze.
Zapytasz - czym oddech jest...
Oddech to życie
Żyj mądrze i patrz sercem

31 stycznia 2020

Miłość Jest Drogą

Miłość jest drogą.

Czasem krętą,

czasem pod górę,

czasem wśród burz,

we mgle,

wśród skał,

przez las...

a czasem samotną

Ale zawsze masz nawigację

Twoim kompasem jest Twoje serce

Uczucia - drogowskazem

Uczucia mówią

Miłość jest drogą,

która prowadzi do Miłości

13 lutego 2020

Katarzyna Nowocin-Kowalczyk

Ziemskie Anioły

Niektórzy ludzie są niczym ziemskie Anioły.
Chowają swoje skrzydła do plecaka
i wędrują przez ziemskie burze i wiatry.
Odważnie, z uśmiechem na ustach i z miłością.

Biorą innych za rękę,
pozwalają im oprzeć się na swoim ramieniu,
i z radością przeprowadzają przez trudny czas
w ich ziemskiej podróży.

Anioły są wolne, barwne niczym motyle
i często się śmieją.
Kochają miłością absolutną
i uczą, czym miłość jest.

JESTEM

Kiedy spotkasz takiego Anioła, jesteś Szczęściarzem.
Wiedz, że ten Anioł przyszedł w Twoje życie,
aby wskazać Ci drogę, kiedy się pogubiłeś.
Aby dać Ci siłę i ponieść na swoich skrzydłach.

Czasem taki Anioł odchodzi,
a wtedy zostaje po nim pustka,
tęsknota i ciepłe wspomnienie.

Kiedy spotkasz ziemskiego Anioła,
to On już na zawsze zostanie w Twoim sercu.
Nigdy o nim nie zapomnisz.

7 lipca 2020

Katarzyna Nowocin-Kowalczyk

Magia Życia

Ocean jest magią...
Potęgą, spokojem i tajemnicą
Wybrzeże jest czarodziejką,
która wabi swoim pięknem
i kusi sekretem

Nie ma dwóch takich samych plaż...
Nie ma dwóch takich samych miejsc...
Nie ma dwóch takich samych chwil...

Tym właśnie jest magia życia...
Różnorodnością
Zmiennością
Ulotnością

JESTEM

Odkrywamy wciąż nowe lądy
Wciąż odkrywamy życie na nowo

Więc łap swoje chwile i ciesz się nimi,
bo tak szybko ulatują
Szkoda czasu na zamartwianie
Ta chwila też uleci...
Ciesz się nią...
Doceniaj chwile...
Uśmiechnij się...

26 grudnia 2020

Katarzyna Nowocin-Kowalczyk

Nowy Dzień

Kończy się dzień
Odchodzi Stare, aby zrobić miejsce na Nowe
Coś się kończy, aby mogło zacząć się coś
Jednak światło zawsze rozświetla mrok
A po nocy zawsze przychodzi dzień
Nowy dzień
Nowa jakość
Nowe rozdanie
Idzie Nowe

18 października 2021

Katarzyna Nowocin-Kowalczyk

Natura

Poranna kawa nad oceanem
Taniec światła przeplatany z tańcem wody
Cisza pośród szumu fal
Spokój
Uzdrawiająca Moc Natury
Jest dobrze
Tak dobrze…

23 listopada 2021

Katarzyna Nowocin-Kowalczyk

Nowy Czas

Świta
Ciemność za nami
Kolory nieba
Gra świateł
Nowa energia

13 stycznia 2022

Katarzyna Nowocin-Kowalczyk

Wiosna

Co dobrego nam niesiesz, Pani Wiosno
Co nam dobrego niesiesz, Panie Kwietniu

Rozgoń ciemne chmury Wiosno
Światło Miłości rozgrzej w sercach, Kwietniu

Niechaj uśmiech zawita na twarzach ludzi
Niechaj brat będzie bratem dla brata,
a siostra dla siostry
Niechaj człowiek będzie człowiekiem
dla człowieka
Niechaj zniknie sen ciemny i niech świat się zbudzi
Niech jawa snem się stanie, a dobry sen jawą

To nam przynieś Wiosno w koszyku kwiatów
A Ty nie pleć panie Kwietniu
Słońce daj
Pokój
Wolność
Jedność
I Miłość

31 marca 2022

Katarzyna Nowocin-Kowalczyk

A niebo niebieskie nad nami...

A niebo niebieskie nad nami...

Ziemia pod stopami

Słońce ogrzewa ciepłem

Słońce daje światło

Słońce to życie

Lekki wietrzyk chłodzi

Liście delikatnie szeleszczą

Ptaki śpiewają w gałęziach drzew

Woda cicho szumi

I mówi niebo: -

Wróć do Natury człowieku

Wsłuchaj się w Naturę

Wsłuchaj się w Siebie

Natura jest odpowiedzią na wszystko

Natura to Spokój

Natura to Szacunek

Natura to Akceptacja

Natura to Harmonia

Natura to Siła

Natura to Wolność

Natura to Stwórca

Natura to TY

5 maja 2022

Katarzyna Nowocin-Kowalczyk

Światło

Jutro jest tajemnicą...
Wczoraj jest historią...
Jest tylko ta chwila Teraz
Dzisiaj
I ta chwila Teraz jest Światłem
Ta chwila Teraz jest Życiem
Ta chwila Teraz jest Wszystkim

14 czerwca 2022

Katarzyna Nowocin-Kowalczyk

Jedność

Pacyfik
ocean... woda... krople...
Energia
emocja... ruch... działanie...
Natura
Planeta
Wszechświat
Stwórca
Wszystko jest Jednym
Wszystko jest połączone

27 lipca 2022

Katarzyna Nowocin-Kowalczyk

Dzieciństwo

Tak kiedyś bywało
z trzepaka zwisało
na drzewo wspinało
na wietrze bujało
w państwa miasta grało
wirusów nie znało

Babcine wypieki
klimat rwącej rzeki
chowane sekrety
rzucane monety
bez towaru sklepy
kradzione Renety

Słowo wartość miało
słowem nie rzucało
słowo się trzymało
słowo się czytało
słowem waśń kończyło
słowo się ceniło

19 października 2022

Katarzyna Nowocin-Kowalczyk

Lubię Wolność

Lubię energię oceanu
Lubię naturę oceanu
Lubię zapach oceanu
Lubię głos oceanu
Lubię ptaki, które latają
Wzbijają się wysoko, wysoko i jeszcze wyżej
Lubię Wolność

29 listopada 2022

Katarzyna Nowocin-Kowalczyk

Uśmiech

pamiętam tramwaj
rozświetlony wewnętrznym światłem
w środku sporo pasażerów
podróżnych jadących tu i tam
za oknem ciemność
zimno
w tramwaju ciepło i jasno
patrzę w tę ciemność z ciekawością dziecka
przez szybę spoglądam na świat mroku
lekko rozproszonego światłem ulicznych latarni
i sklepowych neonów
widzę przemykające skulone cienie ludzi
czuję się bezpiecznie tu, gdzie jestem
za tą szybą
tu, gdzie jest ciepło i jasno

JESTEM

głośno śpiewam jakąś dziecinną piosenkę
potem drugą i kolejną
podróżni uśmiechają się do mnie przyjaźnie
a im bardziej się uśmiechają
tym głośniej śpiewam
dla siebie i dla nich
jestem dzieckiem
malutkim przedszkolaczkiem
może trzylatkiem
ktoś mnie trzyma na kolanach
gładzi mnie po włosach
przytula
ja też się wtulam
odwracam głowę
widzę uśmiech
to Mama

13 maja 2023

Katarzyna Nowocin-Kowalczyk

Miłość jest pokojem

cisza, spokój, natura...

jakby świat w innym świecie

chociaż przecież w tym

i jest tu dobrze...

po prostu dobrze...

zawsze warto wybrać pokój

ten na zewnątrz

i ten wewnątrz siebie

wojna to łzy

ból

cierpienie

śmierć

niewola

chaos

JESTEM

wojna dzieli
wojna jest destrukcją
pokój to harmonia
współpraca
szacunek
i szczery uśmiech płynący z serca
głupota nawołuje do wojny
mądrość zawsze wybiera pokój
ciemność jest wojną
a wojna ciemnością
światło jest miłością
a miłość pokojem

20 maja 2023

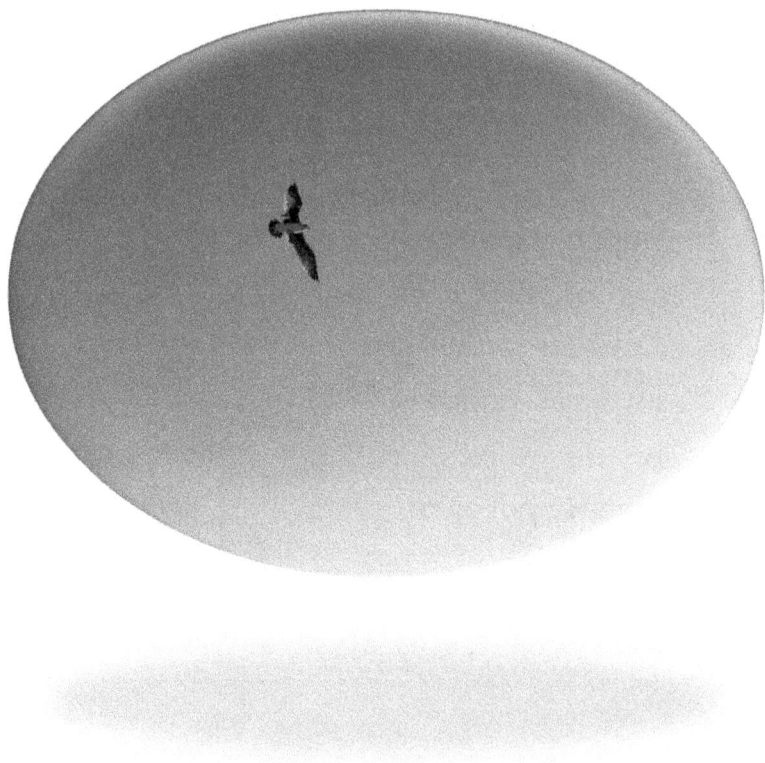

Między niebem a wodą

Między niebem a wodą
Wolność i przyjaciel wiatr
Lekkością i swobodą
Wszak jest ten podniebny świat
Skrzydła wielkie rozkładam
Płynę na wiatru fali
Pieśni kolorem składam
Dźwięki chwytam z oddali
Mój dom w przestworzach świata
Miłością nazywany
Siostrę mam tu i brata
Miłości świat mi znany

2 października 2023

Katarzyna Nowocin-Kowalczyk

Lubię...

Lubię patrzeć w niebo
Lubię patrzeć w słońce
Jestem marzeniem

Lubię być ptakiem
Lubię być drzewem
Człowiekiem być, też lubię

Lubię wiatr chwytać w dłonie
Lubię być powietrzem
Jestem informacją

Lubię latać
I lubię chodzić boso po trawie
Jestem kosmosem

JESTEM

Lubię dotykać wody
Lubię patrzeć na ogień
Jestem energią oceanu

Jestem skałą
Jestem ziemią
Jestem iluzją

Jestem wszystkim
Jestem niczym
Wszystko i nic jest we mnie

17 listopada 2023

Katarzyna Nowocin-Kowalczyk

Jestem Miłością

na początku nieśmiała
niczym kwiatu pąk
skropiona życia wodą
bywa, że łzami
wyrasta pośród cierni
kolce też chronią
delikatna, lecz silna
twórcza, potężna
dojrzewa, kwiat rozchyla
spojrzenie ściąga
sprawia, że świat pięknieje
sama wszak pięknem
tak wielu o niej marzy
tak wielu tęskni

tak wielu goni
tak wielu szuka
a ona po prostu jest
ciepłem zaprasza
uśmiechem tuli
za rękę trzyma
radość przynosi
nadzieję daje
cichutko szepcze:
- *Jesteś Miłością*
serce szept słyszy
ze światem śpiewa:
- *Jestem Miłością*
- *Jestem Miłością*
- *Jestem Miłością*

30 marca 2024

Katarzyna Nowocin-Kowalczyk

Jestem Wolnością

Nie bój się marzyć
Nie bój się marzeń
Sięgaj po marzenia
Dotknij ich
I leć
Skrzydła rozłóż
Leć
Wysoko
Wysoko
I jeszcze wyżej
Poczuj wiatr
Tańcz z wiatrem
Poczuj wolność

Daj się nieść wolności
Bądź Wolnością
Jesteś Wolnością
Jestem Wolnością

7 kwietnia 2024

Katarzyna Nowocin-Kowalczyk

Jestem

Kim Jestem
Wszechświat pytam
W oczy Wszechświata patrząc
Myślą Wszechświata będąc
Nici Wszechświata przędąc
Ze Wszechświatem płynąc

Jestem informacją
Jestem inspiracją
Nacją
Spacją
Kreacją
Jestem narracją

Jestem wariacją
Racją i negacją
Manipulacją
Oracją
Relacją
Jestem lekcją

Jestem złością i radością
Wszechświata emocją
Reformacją
Konfrontacją
Transformacją
Wszechświata formacją

Jestem Miłości emanacją

6 maja 2024

Katarzyna Nowocin-Kowalczyk

Lustro Duszy

Świat odbity w tafli wody
Rzeczywistość odzwierciedla samą siebie
Lustra, lustra, lustra...

Lustro Wszechświata
Lustro Mroku i Miłości
Lustro Duszy

Nieskończona ilość luster
Wszystko odbija wszystko
Wszystko jest lustrem dla wszystkiego

Jestem lustrem
Jestem odbiciem
Jestem iluzją

Lustra, lustra, lustra...
Iluzja odbita w Iluzji
Świat Iluzji nazwany Życiem

6 maja 2024

Katarzyna Nowocin-Kowalczyk

Pustynia

Pojechałam na pustynię
Aby ciszy posłuchać
W ciszy się zakochałam
W ciszy rozsmakowałam

Historie pustynia szepcze
Swe opowieści snuje
W ciszy pustynia żyje
Cisza sekrety kryje

Kamień wiedzy jest skarbnicą
Towarzysz Ciszy wierny
Strach to kompan jest mierny
Zazdrosny i pazerny

JESTEM

I Cisza mnie obudziła
Pustynia przytuliła
Samotnia lekcją była
Cisza skarby odkryła

Odnalazłam, co zgubiłam
Kim jestem - przypomniałam
W Ciszy siebie poznałam
Swe skrzydła odzyskałam

Pustynia jest tajemnicą
Cisza, strażniczką wierną
Kamień, wiedzy składnicą
Historia - czarodziejką

7 maja 2024

Katarzyna Nowocin-Kowalczyk

Podróż

Szłam drogą
I drogę zgubiłam
Serce poraniłam
W drodze zagubiłam

Śniłam sen
Mroczny sen cierpienia
Sen osamotnienia
W mroku uwięzienia

Obudził ból
Anioła ujrzałam
W lustrze się przejrzałam
Wtedy zapłakałam

JESTEM

Łzy bólu
Koszmar snu widziałam
Zaakceptowałam
Sobie wybaczałam
Sobie dziękowałam

Kim jestem
Świadomość wróciła
Miłość uzdrowiła
Uśmiech przywróciła
Skrzydła rozłożyłam

13 maja 2024

Katarzyna Nowocin-Kowalczyk

Gra

Szuler z szulerem do stołu siada
Kolejna runda tej gry szulerów
Znaczone karty szuler rozkłada
Szuler udaje, że nie zna celów

Szuler szulera ograć próbuje
Politykami się nazywają
I szuler szulera oszukuje
Dla widzów ręce sobie podają

Teatrem szulera polityka
Igrzyskami dla ludu durnego
Operą nędzną dla fanatyka
Oszustwem dla umysłu miernego

JESTEM

Kartami, słowa na wiatr rzucane
Bo wszak na słowa ta gra się toczy
Obietnice niedotrzymywane
I kłamstwo, które tak dumnie kroczy

Szuler z szulerem ten teatr grają
Widzowie teatrem ekscytują
Politykami ich nazywają
Klaszczą szulerom, gdy okłamują

Przy stole szulerni gra szulerów
Odwieczna o tron gra tego świata
Iluzji teatr tych słów żonglerów
Widza przygniata za grę oplata

13 maja 2024

Katarzyna Nowocin-Kowalczyk

Chcę Wrócić

Są takie chwile, że chcę odejść
Obudzić się chcę już z tego snu
Wrócić, skąd przyszłam

Są takie chwile, że mam już dość
Dziwnego świata dziwnego snu
Krzywe zwierciadło

Maski bólu, kostiumy strachu
Władzy uśmiechy i kontrola
To maskarada

JESTEM

W dziwnym teatrze ludzie grają
Miłością nazywają ten strach
To propaganda

Chcą spać i ten sen strachu chcą śnić
Rzeczywistością zwą ten swój sen
A ja chcę wróć

Gwiezdne dzieci z gwiazd tutaj przyszły
I gdzieś tam w tych gwiazdach jest mój dom
Chcę już tam wrócić

30 maja 2024

Katarzyna Nowocin-Kowalczyk

Spotkanie

Spotkałam Anioła na drodze
Anioł drogę zgubił
Anioł się zagubił

Sukienkę Smutku Anioł przywdział
Skrzydła swe połamał
I kim jest – zapomniał

Anioła ciepło przytuliłam
Ramieniem objęłam
I za rękę wzięłam

Łzy Anioła mokre poczułam
Strach dziecka widziałam
Samotność – dotknęłam

JESTEM

I w oczy Anioła spojrzałam
Kocham Cię – szepnęłam
Siebie ukochałam

Sukienkę w kwiaty założyłam
Suknią zakręciłam
Śmiech dziecka słyszałam

Spotkałam Anioła w podróży
Drogę mu wskazałam
Kim jest – przypomniałam

30 maja 2024

Katarzyna Nowocin-Kowalczyk

Stare Fotografie

Patrzę na starą fotografię
Trzyletnia, mała blondyneczka
Poważna, skupiona
Obserwatorka

W kolejnym kadrze, ośmiolatka
Różowa sukienka, blond włosy
Zapatrzona gdzieś w dal
Jakby w inny świat

Znów czarno-biały portret dziecka
Czternaście lat ma ta dziewczynka
Odwaga jest w oczach
Jutro, dorosłość

JESTEM

Podróż w czasie i podróż przez czas
Ta dziewczynka to podróżniczka
Kiedyś ją spotkałam
Kiedyś ją znałam

Ale to było w innym czasie
I jakby na innej planecie
Jakby w innym życiu
To był inny sen

Patrzę na stare fotografie
I widzę dziewczynkę w podróży
Odległy czas dzisiaj
Znam ją, choć nie znam

Kiedyś byłam tamtą dziewczynką
Dzisiaj to tylko fotografia
Ale dziewczynka jest
A podróż wciąż trwa

1 czerwca 2024

Katarzyna Nowocin-Kowalczyk

Sen

Obudziłam się we śnie
Zapomniałam, że spałam
Zapomniałam, że śniłam

To był sen w głębokim śnie
Życiem, ten sen nazwałam
Bólu snu doświadczałam

O dziwnym świecie śniłam
Strachu tam było wiele
Iluzji głosiciele

JESTEM

Świat w zwierciadła odbiciu
Rzeczywistością zwany
W pudełku zamykany

Dziwny sen we śnie śniłam
Ze zdziwieniem patrzyłam
W końcu się obudziłam

Wtedy się roześmiałam
Dziwny świat zostawiłam
I skrzydła rozłożyłam

1 czerwca 2024

Katarzyna Nowocin-Kowalczyk

Trzy Róże

Kobieta to Siła jest potężna
Wszystkie żywioły w jedno złączone
Powietrze, ziemia, woda, ogień
Kobieta, to dzieło skończone

Tajemnica nieodgadnięta
W niej sekret ukryty Wszechświata
Mądrość, żądze, namiętności
Życie daje, nić życia splata

Trzy róże, to klucz tajemnicy
By wejść do skarbca kobiecości
Energia węża bramy strzeże
Kwiat piękna, wiedzy, zmysłowości

Katarzyna Nowocin-Kowalczyk

Pierwsza jest niewinności kwiatem
W białą sukienkę przyodziana
Róża biała to kwiat dziewicy
Podróż życia rozpoczynana

Czerwona jak krew róża druga
Ognista, powabna, kusząca
To suknia jest oblubienicy
To miłość do nieba wznosząca

I kiedy Czas kołem obróci
Czarną różę Czas wita czule
Wiedźmy Czarnej siłę przynosi
Wiedzy diament w skarbów szkatule

Trzy róże ze snu we śnie budzą
Na miłości bal zapraszają
Harmonię i spokój przynoszą
Miłości muzę w sercu grają

Kobieta, siłą tego świata
Tancerka w tym tańcu miłości
Mądrości i Światła Bogini
Nauczycielka dojrzałości

Trzy róże są w kolce ubrane
Pięknem wabią, lecz broń chowają
Bronić siebie przed złem potrafią
Mądrością róże zwyciężają

2 czerwca 2024

Katarzyna Nowocin-Kowalczyk

Ślad

Ślad na piasku zobaczyłam
Ślad człowieka na tej ziemi
Przyszła fala i ślad zmyła
Zniknął człowiek w świecie cieni

Odszedł człowiek, lecz ślad został
Bo odmienia człowiek ziemię
Ślad zostawia na tym świecie
Zmianą jest człowieka plemię

Ślad nadzieją jest, odmianą
Naukę ze sobą niesie
Ten, kto czytać ślad potrafi
Na skrzydłach zmiany przyniesie

2 czerwca 2024

Katarzyna Nowocin-Kowalczyk

Jestem Chwilą

Chwytaj wiatr
Dziecko we mnie powiedziało
Uśmiechnęłam się radośnie
Dziecko pobawić się chciało

Otwórz dłoń
Poczuj wiatr między palcami
Czy potrafisz w dłoń wiatr złapać
I tańczyć z wiatru chwilami

Chwilę czuj
Czy potrafisz chwilę schwytać
Chcąc schwytać chwilę, wiatr chwytasz
Czy umiesz chwilę odczytać

JESTEM

Myśl: – życie
Chwila krótka na tym świecie
Wierzysz, że świat ten odmienisz
Jesteś chwilą w tym bukiecie

Ta chwila
Niczym kadr z albumu życia
Podmuch wiatru i ulotność
Jestem chwilą do odkrycia

3 czerwca 2024

Katarzyna Nowocin-Kowalczyk

Wieczność

Czarny kaptur
Twarz bez twarzy
Peleryna
Mrok Ciemności
Krąg pierścieni
Władca Czasu i Przestrzeni

Władca luster
Hipnotyzer
Zręczny magik
Oko mami
Pan Iluzji
Bóg Umysłu i Alchemii

Wszystko Jednym
Czas jest Chwilą
On się śmieje
Lustra krzywe
My zduszeni
Choć w jedności, rozproszeni

Władca Czasu
Pan Przestrzeni
Mną się bawi
W twarz się śmieje: -
Jestem Tobą
Całą wieczność masz przed sobą

10 czerwca 2024

Katarzyna Nowocin-Kowalczyk

Sekret

Zdradzę Ci sekret przez Czas skrywany
Tajemnicę największą Wszechświata
Chociaż obrazem namalowany
Umysł człowieka figle mu płata

Czas jest początkiem i końcem razem
Wężem, który swój ogon połyka
Iluzji pierścieniem, drogowskazem
Manipulacją jest, polityka

Początek i Koniec są jednością
Zawsze jest tylko ta chwila Teraz
Początek i Koniec są wiecznością
Czas, to jak karciany jest w talii, As

Katarzyna Nowocin-Kowalczyk

Ten moment Teraz jest czegoś końcem
Ten moment też początkiem Nowego
Ten moment Teraz jest Twoim słońcem
Teraz - to sekret planu boskiego

Niewolnikiem stałeś się zegara
Choć Czas iluzją jest oraz żartem
Czas jawi się niczym ziemska kara
W wir czasu wpadasz jeszcze przed startem

Zdradzę Ci sekret Czasu pierścienia
Tajemnicę wszak ludziom podaną
Sekret Wszechświata do wyjawienia
Jednak przez wielu nierozpoznaną

Umysł człowieka kłamcą jest wielkim
W teatr się bawi w tej grze aktora
Umysł człowieka oskarżycielski
Czas jednak ma tytuł Profesora

JESTEM

Początek i Koniec ramię w ramię
Niczym Wszechświata bliźniacze dzieci
Pierścieniem węża jest to ich znamię
Miłości Czas zawsze Teraz świeci

Czas jest sekretem nieodgadnionym
Koniec Początkiem, Początek Końcem
Czas filozofem niedoścignionym
Moment Teraz, Wszechświata jest gońcem

14 czerwca 2024

Katarzyna Nowocin-Kowalczyk

Czarodziej Sceny

Markowi Proboszowi

Ciemność i muzyka głucha
Wszechświata teatru scena
Widz nasłuchuje i słucha
Widza to wszak jest ocena

Z Ciemności twarz się wyłania
Twarz pełna bólu, emocji
Ból twarz aktora przysłania
Nie zostawia innych opcji

Aktor poetą w tej scenie
Poety rolę odgrywa
Na scenie wielkie skupienie
Widz oczu swych nie odrywa

JESTEM

Aktor poetą się staje
Widz wierzy, że prawdę widzi
Scena życiem się zdaje
Iluzja teatru szydzi

Echem brzmią poety słowa
Aktora głosem mówione
Twarz to emocji jest mowa
Bólem słowa uwięzione

Fortepian nutą wtóruje
Iluzja staje się życiem
Aktor widownię czaruje
Scena jest życia odbiciem

Kwiat od Kaliope czerwony
Aktor widowni się kłania
Aplauzem braw doceniony
Widz ma myśl do rozmyślania

15 czerwca 2024

Katarzyna Nowocin-Kowalczyk

Karciana Królowa

Kartami karciana gra Królowa
Na szachownicy karty rozstawia
Nieufna, okrutna, przenikliwa
Karty tasuje, pionki przestawia

Władzą Królowa się delektuje
Dyktatu władza afrodyzjakiem
Tożsamość odbiera, głowy ścina
W tej grze Królowej trudno być ptakiem

Odbiciem w lustrze ten świat Królowej
Strachu narracją jest odwróconą
Kat w rzeczywistości pudełkowej
Nieświadomością Strachem skłóconą

Opium iluzji i lęku zapach
W tym świecie Królowej Polityki
Gdzie słowo na opak tłumaczone
Gdzie wojna strachu i łzy muzyki

Kłamstwem zręcznym Zagrodę rozgrywa
Iluzją karmi, teatr jej daje
Aktora, politykiem nazywa
Pacynka polityka udaje

Lecz wolne ptaki siłą są wielką
Wszechświata umysłem, Świadomością
Pokój przynoszą do świata wojny
Wolne ptaki Wszechświata Miłością

Karciany domek z kart się rozpada
Chociaż znaczone karty Królowej
Wolności ptaki już się zlatują
To koniec krainy papierowej

Kartami gra Królowa karciana
Karciane karty na scenie stawia
Kat z gilotyną tuż obok czeka
Głowa Królowej z kartami spada

18 czerwca 2024

Katarzyna Nowocin-Kowalczyk

Dwa Królestwo

Oto staje naprzeciw siebie
Odwieczna świata metafora
Dwaj potężni bogowie w niebie
Wolność i Kontrola

Świadomości rządzą królestwem
W głowie człowieka świat ten tworzą
Świadomość człowieka Jestestwem
Świadomość jest zorzą

Świat Wolności i świat Kontroli
Chociaż wzajemnie przenikają
Inne wartości w grze symboli
Karty inne grają

Katarzyna Nowocin-Kowalczyk

Kontrola strachem grę rozgrywa
Wolność odbiera, słowem kręci
Wolnością więzienie nazywa
Iluzjami nęci

Odwróconą narrację daje
W tym świecie myślenie jest zbędne
Iluzję Kontrola sprzedaje
Obrazy są mętne

Bóg Kontroli sędzią surowym
Polityką jest nazywany
W kart talii Królem jest pikowym
Słowem przekłamanym

Kontrola myślenia oducza
Prawdy gotowe głowie daje
Pytania Kontrola zahucza
Kłamstwo Prawdą staje

JESTEM

Zaufanie to Świat Wolności
Serce kompasem jest człowieka
Odpowiedzialność Świadomości
Miłości opieka

Lecz każdy sam swój świat wybiera
Wszak życie w głowie się rozgrywa
Żniwo wielkie świat strachu zbiera
Strachem rządzi, strachem wygrywa

Nieliczni Wolność wybierają
Kontrola strachu obietnicą
Swym bogom ofiary składają
Wolność tajemnicą

25 czerwca 2024

Katarzyna Nowocin-Kowalczyk

Wolne Ptaki

Wolne ptaki zbierają się razem
Przylatują z różnych stron
Rozpoznają
Uśmiechają

Podróż długą każdy ma za sobą
Przez burze, ciemność, pod wiatr
Światło niosą
Zwyciężają

Wolne ptaki przystań odnajdują
Serce ich nawigacją
Miłość drogą
Uśmiech kluczem

Nowy świat ptaki wolne budują
W jedności jest ich siła
Myśl kreacją
Miłość mową

8 lipca 2024

Wszystko

Kreacja i Destrukcja
Światło i Mrok
Ramię w ramię
Zjednoczone

Umieranie, odradzanie
Doświadczanie
Wypalanie
Transformacja

Kreator i Destruktor
Twórca Światła
Władca Mroku
Jedność we mnie

Wszechświata energii taniec
Siła życia
I tworzenia
I niszczenia

Stwórca bawi się sam sobą
Jestem myślą
Architektem
Grą w umyśle

8 lipca 2024

Katarzyna Nowocin-Kowalczyk

Koniec Początkiem

Pamiętam ten świat, w którym jestem
Widzę moment tuż przed podróżą
Dwa słońca, drzewa, woda i My
Jestem dla ciebie białą różą

Stopy bose, taniec na trawie
Niebiańska suknia niewinności
Jesteśmy miłością w zabawie
Tancerzem w kosmicznej jedności

Jakaś planeta obok płynie
Obserwujemy z ciekawością
Ta, co ognia kolorem słynie
Światło wszechświata jest miłością

JESTEM

Piękny jeleń z lasu wychodzi
Wdzięk, czystość i spokój przynosi
To on wraz ze mną się narodzi
To on moje imię rozgłosi

Biały wilk obok wdzięku staje
Miłości rodzinnej zwiastunem
Moc wielką w podarunku daje
Przywódców wielkich opiekunem

Stoimy razem przytuleni
We włosy wsuwasz czerwony kwiat
Energią boską połączeni
Jam siostrą twoją, a tyś mój brat

Wszechświat muzyką nas otula
My, Wszechświata kochankowie
Wszechświata to wszak jest fabuła
Wszechświat tworzymy My, bogowie

Katarzyna Nowocin-Kowalczyk

To przed podróżą pożegnanie
Oczy z oczami rozmawiają
„Nie zapomnij kim jesteś" – mówisz
Jeleń i wilk słów też słuchają

A potem w sen dziwny zapadłam
W krainie Zapomnienia byłam
Długą drogę w tym świecie przeszłam
Podczas podróży dziwne sny śniłam

I znów oczy spotkały oczy
Oczy z oczami rozmawiały
Nikt takiej chwili nie przeoczy
Kim jestem oczy przypomniały

I znów jest plaża, woda i my
Kolory ognia są na niebie
Wieczorne słońce i nasze sny
Tworzymy Wszechświat, tworząc siebie

JESTEM

Koniec Początkiem w tym obrazie
Taniec na trawie i róży kwiat
Zatrzymaliśmy się w oazie
Jam jest twą siostrą, a tyś mój brat

Podróżnicy w czasoprzestrzeni
Jeleń i wilk towarzyszami
Tancerze energią połączeni
Te wszystkie światy są myślami

Płyniemy z energią Wszechświata
W podróży światy kreujemy
Myślą siostry i myślą brata
Koniec Początkiem malujemy

9 lipca 2024

Katarzyna Nowocin-Kowalczyk

Jest Dobrze

Światło - jest
Niebo - jest
Wiatr w skrzydłach - jest
Drzewo - jest
Moc – jest
Jest dobrze

17 lipca 2024

Katarzyna Nowocin-Kowalczyk

Katarzyna

Katarzyna
Poezja
Bajka
Przekaz
Wizje przezroczyście czyste
Sny rzeczywiste

Katarzyna
Poetycka heroina
Przekazu amfetamina
Spokój
Rozluźnienie
Skromności roztargnienie

Miłość
Siła
Wielkość
Moc
Świetlisty koc
Korzenie indiańskie
Podejście szamańskie
Pisarka
Poetka
Spokojna kobietka

© Krystian 'Bzyku' Mucha

15 czerwca 2023

Dziękuję Krystian za ten wiersz

Katarzyna Nowocin-Kowalczyk

*Drogę do wolności
można odnaleźć tylko przez Miłość.*

Katarzyna Nowocin-Kowalczyk

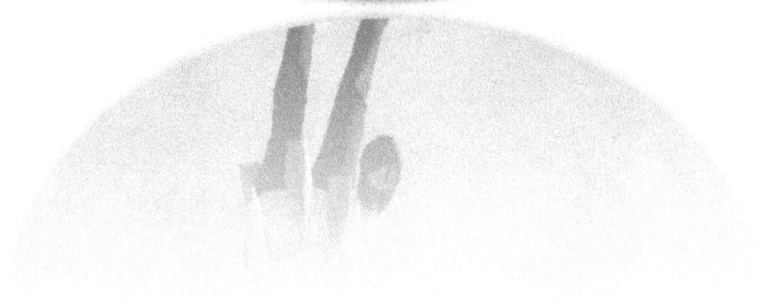

Podziękowanie

Dziękuję wszystkim i każdemu z osobna, kto jest częścią mojej podróży zwanej życiem na planecie Ziemia. Uczymy się doświadczając. Dzięki Wam, przypomniałam sobie kim Jestem. Dzięki Wam, zrozumiałam, po co tu Jestem. Dzięki Wam, wiem kim Jestem.

Dziękuję **Markowi Proboszowi** wspaniałemu aktorowi, scenarzyście i reżyserowi, za zaufanie, przeczytanie moich historii wierszem spisanych oraz za recenzję, którą zechciał napisać do tej książki.

Dziękuję **Krystianowi** za piękny wiersz o mnie, ale też za wiele innych wierszy, który pisze z wielką pasją.

A przede wszystkim dziękuję Tobie **Aniu**, za to, że kiedy w mojej podróży zwanej życiem pojawił się Mrok, Ty pokazałaś mi Światło. Pokazałaś mi, jak być mną. Przypomniałaś, kim Jestem. Dziękuję, że Jesteś córeńko. Jesteś Światłem, które rozświetla Mrok Wszechświata.

Katarzyna

Fullerton, Ca 15 lipca 2024

Spis Treści

Recenzja..3

Od Autora 5

Początek.......................................7

Ogień..9

Cisza... 11

Ech, Życie................................... 13

Oddech.. 15

Miłość Jest Drogą........................ 17

Ziemskie Anioły........................... 18

Magia Życia................................. 20

Nowy Dzień 23

Natura... 25

Nowy Czas.................................. 27

Wiosna.. 28

A niebo niebieskie nad nami... 30

Światło.. 33

Jedność....................................... 35

Dzieciństwo................................. 36

Lubię Wolność 39

Uśmiech 40

Miłość jest pokojem..................... 42

Między niebem a wodą 45

Lubię............46

Jestem Miłością............48

Jestem Wolnością............50

Jestem............52

Lustro Duszy............54

Pustynia............56

Podróż............58

Gra............60

Chcę Wrócić............62

Spotkanie............64

Stare Fotografie............66

Sen............68

Trzy Róże............71

Ślad............75

Jestem Chwilą............76

Wieczność............78

Sekret............81

Czarodziej Sceny............84

Karciana Królowa............87

Dwa Królestwa............91

Wolne Ptaki............94

Wszystko............96

Koniec Początkiem............98

Jest Dobrze............103

Katarzyna............104

Podziękowanie............109